BEI GRIN MACHT SICH II
WISSEN BEZAHLT

- Wir veröffentlichen Ihre Hausarbeit,
  Bachelor- und Masterarbeit

- Ihr eigenes eBook und Buch -
  weltweit in allen wichtigen Shops

- Verdienen Sie an jedem Verkauf

Jetzt bei www.GRIN.com hochladen
und kostenlos publizieren

Philipp Brader

Aus der Reihe: e-fellows.net stipendiaten-wissen

e-fellows.net (Hrsg.)

Band 259

Kryptologie: Zero-Knowledge-Beweise

GRIN Verlag

Bibliografische Information der Deutschen Nationalbibliothek:

Die Deutsche Bibliothek verzeichnet diese Publikation in der Deutschen National-
bibliografie; detaillierte bibliografische Daten sind im Internet über http://dnb.d-
nb.de/ abrufbar.

Impressum:

Copyright © 2010 GRIN Verlag GmbH
Druck und Bindung: Books on Demand GmbH, Norderstedt Germany
ISBN: 978-3-656-02182-7

Dieses Buch bei GRIN:

http://www.grin.com/de/e-book/179604/kryptologie-zero-knowledge-beweise

GRIN - Your knowledge has value

Der GRIN Verlag publiziert seit 1998 wissenschaftliche Arbeiten von Studenten, Hochschullehrern und anderen Akademikern als eBook und gedrucktes Buch. Die Verlagswebsite www.grin.com ist die ideale Plattform zur Veröffentlichung von Hausarbeiten, Abschlussarbeiten, wissenschaftlichen Aufsätzen, Dissertationen und Fachbüchern.

Besuchen Sie uns im Internet:

http://www.grin.com/

http://www.facebook.com/grincom

http://www.twitter.com/grin_com

Rupert-Ness-Gymnasium Ottobeuren

Oberstufenjahrgang 2009/2011
W-Seminar Kryptographie
Leitfach Mathematik

Seminararbeit

Zero-Knowledge-Beweise

Verfasser: Philipp Brader

Bewertung: 14 Punkte

Unterschrift des Kursleiters: ....

Inhaltsverzeichnis

Kapitel 1

Die „magische" Tür

„Null-Wissen-Beweise" - so lautet die deutsche Übersetzung des Titels dieser Seminararbeit. Was verbirgt sich nun aber hinter diesem sonderbaren Begriff? Manch einer könnte vermuten, es handle sich dabei um ein Verfahren, welches beweist, dass eine Person über „null Wissen" verfügt (also eine Art „Idiotentest"). Allerdings sei bereits an dieser Stelle gesagt, dass eine solche Vermutung reinen Gewissens wieder verworfen werden kann.

1.1 Aufbau des Beweises

Um das wahre Wesen von Zero-Knowledge-Beweisen zu erfassen, lohnt es sich, einen detaillierten Blick auf das recht anschauliche Beispiel der „magischen" Tür zu werfen. Dieses in der Literatur sehr zahlreich beschriebene Beispiel soll im Folgenden in einer eigenen Version vorgeführt werden.[1,2,3] Hierfür stellen wir uns eine in Abbildung 1.1 dargestellte Höhle mit einem Eingang sowie einem Gang, der von zwei Seiten aus betreten werden kann, vor. In der Mitte dieses Ganges befindet sich eine „magische" Tür, die nur mithilfe einer geheimen Zauberformel passiert werden kann.

Vor dieser Höhle stehen nun die zwei Personen Vera und Bert, wobei Bert seine Freundin Vera überzeugen will, dass er die besagte Zauberformel tatsächlich kennt. Nun könnte Bert einfach die Zauberformel aufsagen und beide könnten nachsehen, ob sich die magische Tür öffnet. Dem steht allerdings entgegen, dass Bert ein sehr argwönischer Mensch ist, der niemandem vertraut und deshalb auch die **Zauberformel nicht verraten will.**

---

[1] Vgl. Arnold, Zero-Knowledge-Verfahren, 2005, S. 6 - 7
[2] Vgl. Beutelspacher u.a., Verfahren der Kryptographie, 2010, S. 44 - 46
[3] Vgl. o. V., Zero Knowledge, 2010, S. 2

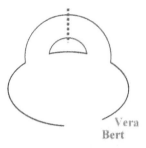

Abbildung 1.1: Die Höhle (mit Gang und magischer Tür)

Gibt es nun aber dennoch eine Möglichkeit, Vera zu überzeugen, dass Bert tatsächlich Kenntnis von jener hat? Um dies zu erreichen, begibt sich Bert zunächst ins Innere der Höhle und betritt anschließend - unbeobachtet von Vera - den Gang von einer der beiden Seiten aus - nehmen wir einmal an, von der rechten. Im nächsten Schritt betritt auch Vera, die Berts Wahl nicht kennt, die Höhle. Sie entscheidet sich ebenfalls für eine der beiden Seiten, aus der Bert den Gang wieder verlassen soll.

Es wären nun folgende zwei Szenarien denkbar:

- In Szenario 1 entscheidet sich Vera für dieselbe Seite, von welcher aus Bert den Gang bereits betreten hat (also in unserem Beispiel für die rechte). In diesem Fall könnte sich Bert glücklich schätzen, da er die Zauberformel gar nicht kennen muss, um Veras Forderung nachzukommen.

- Im zweiten Szenario hingegen wählt Vera die linke Seite aus. In diesem Fall muss Bert tatsächlich die Zauberformel wissen, um die magische Tür passieren und somit auf der richtigen Seite wieder in die Höhle treten zu können.

1.2 Effektivität des Beweises

Betrachtet man dieses Beweissystem genauer, so erscheint es als nicht befriedigend, da nur mit einer Wahrscheinlichkeit von 50 Prozent bewiesen wurde, dass Bert wirklich Kenntnis von jener Zauberformel hat. Es ist daher einleuchtend, dass sich die skeptische Vera hiervon wohl kaum überzeugen lässt. Der raffinierte Bert hingegen sieht eine einfache Möglichkeit, diese Wahrscheinlichkeit rapide zu erhöhen - nämlich im **wiederholten Durchführen** dieses Experiments. Angenommen, es gelänge Bert ein zweites Mal, auf der richtigen von Vera geforderten Seite wieder aus dem Gang heraus in die Höhle zu treten, so betrüge jene Wahrscheinlichkeit bereits 75 Prozent (also mehr als die Hälfte).

Denn hinter diesem Zusammenhang verbirgt sich folgende mathematische Funktion für die Wahrscheinlichkeit P, dass Bert die Zauberformel tatsächlich kennt, in Abhängigkeit von der Anzahl n der Durchführungen dieses Versuchs:

$$P(n) = 1 - (2)^{-n} \tag{1.1}$$

Hier wird also von 1 (= 100 %) die Wahrscheinlichkeit des Gegenereignisses - nämlich dass Bert nur Glück hatte und die geheime Zauberformel gar nicht wirklich kennt - abgezogen. Da diese Wahrscheinlichkeit, die in der obigen Gleichung als Subtrahend auftritt, aber mit steigendem n immer kleiner wird und der Minuend konstant bleibt, nimmt der Wert der Differenz mit steigender Anzahl an Durchführungen immer weiter zu. Diese Relation lässt sich ebenfalls am zugehörigen Funktionsgraphen, der eigentlich nur aus einzelnen (endlichen) Punkten besteht, hier aber durchgehend dargestellt ist, erkennen:

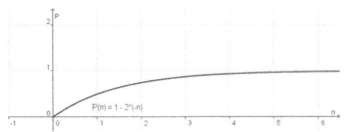

Abbildung 1.2: Wahrscheinlichkeit für Berts Kenntnis der Zauberformel

Hier zeigt sich deutlich, dass sich der Graph immer mehr der Gerade P = 1 annähert, es gilt:

$$\lim_{n \to +\infty} P(n) = 1 \tag{1.2}$$

Zur Verdeutlichung dieses Zusammenhangs nehmen wir beispielhaft fünf Durchführungen dieses Versuchs an, wir wählen also n = 5:

$$P(5) = 1 - (2)^{-5} = 1 - \frac{1}{2^5} = 1 - \frac{1}{32} = \frac{31}{32} = 0,96875 \tag{1.3}$$

Wie wir sehen, beträgt die Wahrscheinlichkeit, dass Berts Behauptung, er kenne die geheime Zauberformel, wahr ist, nach vier Wiederholungen bereits nahezu 97 Prozent - ein Wert, der auch die skeptische Vera überzeugen dürfte.

Kapitel 2

Allgemeine Definition

Da mit diesem ersten, anschaulichen Beispiel lediglich ein Einblick in das Wesen von Zero-Knowledge-Beweisen ermöglicht werden sollte, gilt es nun, eine Antwort auf die noch offen stehende Frage nach einer allgemeinen Definition von selbigen zu finden.

2.1 Interaktive Beweise

Zunächst einmal handelt es sich bei Zero-Knowledge-Beweisen um sogenannte **interaktive Beweise**. Dies bedeutet, es findet immer eine Kommunikation bzw. ein Austausch von Informationen zwischen zwei Parteien statt - nämlich zwischen dem **Beweiser** auf der einen Seite und dem **Verifizierer** auf der anderen. Darüber hinaus will der Beweiser *(in unserem Falle Bert)* stets den Verifizierer *(in unserem Fall Vera)* davon überzeugen, dass eine bestimmte Aussage richtig ist bzw. er ein bestimmtes Geheimnis kennt. In der Regel ist eine geringe Fehlerwahrscheinlichkeit erlaubt, welche jedoch mittels Wiederholungen reduziert werden kann.[1]

2.2 Kriterien von Zero-Knowledge-Beweisen

Des Weiteren erfüllen Zero-Knowledge-Beweise folgende drei Charakteristika:

2.2.1 Vollständigkeit

Ist die zu beweisende Aussage tatsächlich richtig bzw. kennt der Beweiser das Geheimnis, dann soll es ihm auch in jedem Fall gelingen, den Verifizierer zu überzeugen.[1]

---

[1]Vgl. o. V., Zero Knowledge, 2010, S. 1

Kennt also Bert in unserem anfänglichen Beispiel die geheime Zauberformel wirklich, so kann er Vera auch davon überzeugen.

2.2.2 Zuverlässigkeit

Es darf einem Betrüger in keinem Fall gelingen, den Verifizierer zu überzeugen.[1]

Der gemeine Gunter, der die Zauberformel gar nicht kennt, kann also Vera nicht vom Gegenteil überzeugen.

2.2.3 Zero-Knowledge-Eigenschaft

Der Verifizierer erlangt ausschließlich Wissen darüber, ob die zu beweisende Aussage richtig ist bzw. der Beweiser das Geheimnis kennt - also kein weiteres Wissen über das Geheimnis selbst.[1]

Eine formalere Definition dieser Eigenschaft lautet folgendermaßen: Die Zero-Knowledge-Eigenschaft ist dann erfüllt, wenn es einem **Simulator**, der das Geheimnis nicht kennt, gelingt, mit Hilfe des Verifizierers die Interaktion aus dessen Sicht so zu rekonstruieren, dass sie von einem Außenstehenden nicht von der Originalinteraktion unterschieden werden kann.[2]

Bert kann also Vera davon überzeugen, dass er die Zauberformel kennt, ohne ihr diese zu verraten.

Ferner kann der außenstehende Simon zusammen mit Vera ein Video von der Durchführung unseres anfänglichen Beispiels nachstellen, welches vom Original nicht zu unterscheiden ist. Hierfür verwendet er eine Videokamera, welche den gesamten Beweis aus der Sicht Veras aufzeichnet. Simon entscheidet sich entweder für die rechte oder die linke Seite und betritt dann den Gang über jene (er simuliert also das Verhalten von Bert). Im nächsten Schritt tritt auch Vera in die Höhle und ruft - wie wir es ja bereits kennen - entweder „rechts" oder „links". Da Simon aber die Zauberformel nicht weiß, bleibt ihm nichts anderes übrig, als den Gang über jene Seite, für die er sich zuvor entschieden hat, wieder zu verlassen.

Folgende zwei Varianten wären dabei möglich:

- *Simon tritt tatsächlich über die von Vera geforderte Seite in die Höhle - in diesem Fall haben die beiden eine gute Szene gedreht.*

---

[1]Vgl. o. V., Zero Knowledge, 2010, S. 1

[2]Vgl. Beutelspacher u.a., Verfahren der Kryptographie, 2010, S. 45 - 46

- Im anderen Fall, also wenn Simon auf der falschen Seite heraus kommt, wird die schlechte Szene einfach gelöscht.

Dies wiederholen die beiden nun solange, bis sie schließlich n gute Szenen im Kasten haben (wofür sie etwa 2n Versuche benötigen werden). Somit haben Simon und Vera eine perfekte Rekonstruktion des Beweises erstellt.[2]

Außerdem sei an dieser Stelle noch auf eine vermeintliche Verbesserung der ursprünglichen Version hingewiesen. Man könnte nämlich zur Vereinfachung vorschlagen, dass Vera und Bert gemeinsam in die Höhle treten, Bert anschließend den Gang über eine der beiden Seiten betritt und Vera ihn nun auf der jeweils anderen wieder erwartet. Somit könnte Bert Vera ebenfalls überzeugen, dass er die geheime Zauberformel kennt.

Überprüfen wir allerdings bei diesem modifizierten Beweis die Zero-Knowledge-Eigenschaft, so müssen wir feststellen, dass eine solche Simulation, wie sie eigentlich per definitionem möglich sein sollte, nicht möglich ist: Da Simon die Zauberformel, welche zum Passieren der magischen Tür erforderlich ist, nicht kennt, kann er somit auch nicht auf der anderen Seite wieder aus dem Gang heraus in die Höhle treten. Folglich handelt es sich hierbei also auch nicht um einen Zero-Knowledge-Beweis.[2]

Jenes letzte Kriterium spiegelt den eigentlichen Kern von Zero-Knowledge-Beweisen wider. Mit diesem neuen Wissen können wir nun auch unsere anfängliche Übersetzung des Titels dieser Arbeit richtig interpretieren: Bei Zero-Knowledge-Beweisen handelt es sich um Verfahren, mithilfe derer die Richtigkeit einer Aussage bewiesen werden soll, ohne dabei irgendein zusätzliches Wissen - also möglichst „null Wissen" - zu übermitteln.

---

[2]Vgl. Beutelspacher u.a., Verfahren der Kryptographie, 2010, S. 45 - 46

Kapitel 3

Historischer Hintergrund

In diesem Kapitel soll die Frage geklärt werden, wann in der Geschichte zum ersten Mal Zero-Knowledge-Beweise auftauchten.

3.1 Lösungsformel für Gleichungen dritten Grades

Um dies zu beantworten, gehen wir zurück ins Italien des 16. Jahrhunderts. Dort endeckte der venezianische Rechenmeister NICCOLÒ TARTAGLIA, der ungefähr in der ersten Hälfte jenes Jahrhunderts lebte, im Jahr 1535 eine Methode, um kubische Gleichungen, also Gleichungen der Form

$$x^3 + ax^2 + bx + c = 0 \tag{3.1}$$

lösen zu können. Da er seine Lösungsformel allerdings geheim hielt, forderten die Menschen einen Beweis für die Korrektheit seiner kühnen Behauptung. Um seine neue Entdeckung nicht preisgeben zu müssen, aber dennoch seine Zweifler zum Schweigen bringen zu können, ließ sich TARTAGLIA einige Gleichungen dritten Grades vorsetzen, die er dann ausnahmslos fehlerfrei löste.

Obwohl sich seine Konkurrenten eifrig bemühten, sein Geheimnis zu lüften, gelang es ihnen nicht, bis schließlich GERONIMO CARDANO ihn überreden konnte, seine Lösungsformel preiszugeben. Obwohl CARDANO im Gegenzug geschworen hatte, die Formel nicht zu veröffentlichen, tat er dies 1545 in seinem Werk *Ars Magna* dennoch - allerdings unter Nennung TARTAGLIAS als Entdecker. Umso ironischer erscheint es daher, dass die Formel zur Lösung kubischer Gleichungen heute als *Cardanosche Formel* bekannt ist.[1]

---

[1]Vgl. Beutelspacher, Kryptologie, 2009, S. 78 - 79

3.2 Gültigkeit des Beweises

Um von einem echten Zero-Knowledge-Beweis sprechen zu können, sollten wir auch hier die Gültigkeit der Kriterien, welche wir bereits kennengelernt haben, überprüfen:

TARTAGLIAS Beweis ist **vollständig**, da er mit Hilfe seiner Lösungsformel in der Lage ist, zu jeder ihm vorgesetzten Gleichung dritten Grades die passenden Lösungen (welche im Folgenden mit r, s und t bezeichnet werden) zu finden. Der Herausforderer kann jene dann ganz einfach verifizieren, indem er sie in die Gleichung

$$(x - r)(x - s)(x - t) = x^3 + ax^2 + bx + c \tag{3.2}$$

einsetzt und überprüft, ob diese für die gegebenen Koeffizienten a, b und c erfüllt ist.[2]

Ebenso ist der Beweis **zuverlässig**, da ein Betrüger, der die Lösungsformel nicht kennt, die Lösungen höchstens erraten könnte. Für eine sehr kleine Zahl an kubischen Gleichungen mag dies keine Schwierigkeit darstellen, betrachtet man hingegen die sehr große Zahl aller möglichen Gleichungen, so ist die Wahrscheinlichkeit für ein solches Erraten verschwindend gering.[2]

Untersuchen wir das letzte Kriterium, nämlich die **Zero-Knowledge-Eigenschaft**, so müssen wir feststellen, dass der Verifizierer in diesem Fall neues Wissen - nämlich die Lösung der jeweiligen Gleichung - erhält, womit er wiederum fälschlicherweise andere überzeugen könnte, er sei im Besitz der Lösungsformel. (Ebenso ist hier keine Simulation des Beweises aus Sicht des Herausforderers möglich.)
Weil dies eigentlich nicht passieren dürfte, dürfen wir hier streng genommen auch nicht von einem Zero-Knowledge-Beweis sprechen.[3]
Nichtsdestotrotz wird NICCOLÒ TARTAGLIAS Lösungsformel für Gleichungen dritten Grades in der Regel als historisches Beispiel für besagte Beweise genannt.

---

[2]Vgl. Beutelspacher u.a., Verfahren der Kryptographie, 2010, S. 41
[3]Vgl. o. V., Zero Knowledge, 2010, S. 2

Kapitel 4

Graphenisomorphie

Nachdem nun der allgemeine Teil sowie zwei „relativ" simple Beispiele erläutert worden sind, soll in diesem Kapitel abschließend das etwas komplexere Beispiel der Graphenisomorphie vorgestellt werden.

4.1 Was ist ein Graph?

Um dieses jedoch nachvollziehen zu können, sollten wir zunächst die Frage klären, was denn ein Graph überhaupt ist: „Unter einem **Graphen** verstehen wir ... ein Gebilde, das aus **Ecken** und **Kanten** besteht. Jede Kante verbindet zwei Ecken."[1] „Aber es ist nicht notwendig, dass jede Ecke mit jeder anderen Ecke verbunden ist. ... Es ist aber erlaubt, dass es mehrere Kanten zwischen zwei Ecken gibt. ... Es darf sogar eine Ecke mit sich selbst verbunden sein."[2]

Eine formalere Definition lautet: Ein Graph G = (E, K) wird beschrieben durch eine endliche, nicht leere Menge E von Ecken und eine Menge K von Kanten zwischen den Ecken.[3]

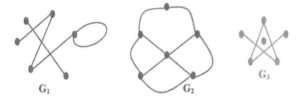

G_1 G_2 G_3

Abbildung 4.1: Beispiele für Graphen

[1] Nitzsche, Graphen für Einsteiger, 2009, S. 2
[2] Nitzsche, Graphen für Einsteiger, 2009, S. 3
[3] Vgl. Nitzsche, Graphen für Einsteiger, 2009, S. 9

4.2   Was bedeutet Isomorphie?

Da der erste Teil der Kapitelüberschrift nun geklärt ist, können wir uns im Folgenden dem zweiten Teil, nämlich der sogenannten **Isomorphie** zwischen zwei Graphen, zuwenden.

„Wir sagen, zwei Graphen sind **isomorph**, wenn man den einen durch Umzeichnen des anderen erhalten kann. Will man also aus einem Graphen einen dazu isomorphen Graphen herstellen, so darf man die Ecken beliebig verschieben, nur nicht so, dass sie aufeinander fallen. Und die Kanten dürfen verbogen, gedehnt oder zusammengezogen werden. Mit anderen Worten: Alle elastischen Verformungen sind erlaubt! Was wir nicht tun dürfen, ist, Kanten durchschneiden ... oder verknoten."[4]

Oder formaler ausgedrückt: „Seien G_1 und G_2 zwei Graphen. Entspricht jeder Ecke von G_1 eine Ecke von G_2 und sind zwei Ecken von G_2 genau dann verbunden, wenn die entsprechenden Ecken von G_1 verbunden sind, wobei auch die Anzahl der Kanten übereinstimmen muss, so heißen die Graphen isomorph."[5]

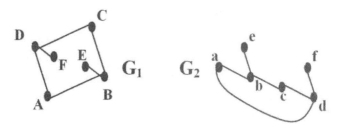

Abbildung 4.2: Zwei zueinander isomorphe Graphen

Die in Abbildung 4.2 dargestellten Graphen $G_1 = (E_1, K_1)$ und $G_2 = (E_2, K_2)$ sind also isomorph, da man G_2 ganz einfach durch geschicktes Umzeichnen von G_1 erhält. Wir können sogar jeder Ecke in G_2 die entsprechende Ecke in G_1 sowie jeder Kante in G_2 die entsprechende Kante in G_1 zuordnen. Es gilt nämlich: Die Ecke a in G_2 entspricht der Ecke A in G_1, Ecke b entspricht B usw. Außerdem entspricht die Kante zwischen a und b in G_2 genau der Kante zwischen A und B in G_1.

Für diese Zuordnung lässt sich auch eine eindeutige Zuordnungsvorschrift, also eine Funktion, $\phi : E_1 \to E_2$ angeben, sodass

$$(u, v) \in K_1 \Leftrightarrow (\phi(u), \phi(v)) \in K_2 \qquad (4.1)$$

[4]Nitzsche, Graphen für Einsteiger, 2009, S. 5
[5]Nitzsche, Graphen für Einsteiger, 2009, S. 9

erfüllt ist. Das bedeutet: Sind die beiden Ecken u und v in G_1 über eine Kante verbunden, so gibt es auch eine Kante zwischen den entsprechenden Ecken in G_2 und umgekehrt. Eine solche Zuordnungsvorschrift ϕ heißt **Isomorphismus** zwischen den Graphen G_1 und G_2. Gilt im Besonderen $E_1 = E_2$, wurden also die Ecken in G_2 lediglich vertauscht, dann ist die Funktion ϕ eine **Permutation** der Eckenmenge E_1.[6]

4.3 Zero-Knowledge-Protokoll

Mit diesen graphentheoretischen Grundlagen können wir uns nun dem eigentlichen Zero-Knowledge-Beweis widmen, welcher darauf basiert, dass es im Allgemeinen in der Praxis nahezu unmöglich ist, einen Isomorphismus, also eine Zuordnungsvorschrift, zwischen zwei sehr großen isomorphen Graphen zu finden.[7] Dieses Problem kann man leicht nachvollziehen, indem man sich vorstellt, man bekäme zwei Graphen mit jeweils über hundert Ecken und mindestens genauso vielen Kanten vorgesetzt und solle nun aufzeigen, *wie* man den einen durch bloßes Umzeichnen des anderen erhält.

Wir gehen bei diesem Beweis also von zwei sehr großen isomorphen Graphen aus, die unser Beweiser Bert erzeugt hat, indem er sich einen Graphen G_0 vollkommen frei vorgegeben und den zweiten (zu G_0 isomorphen) Graphen G_1 durch Anwenden einer zufällig gewählten Permutation π auf G_0 erhalten hat. Bert veröffentlicht nun das Paar (G_0, G_1), während er den Isomorphismus π - also den Nachweis, dass G_0 und G_1 isomorph sind - geheim hält.[8]

Mithilfe des nachfolgenden Zero-Knowledge-Protokolls kann Bert seiner Freundin Vera beweisen, dass er tatsächlich den geheimen Schlüssel π kennt, ohne ihr diesen verraten zu müssen.

- Zunächst entscheidet sich Bert für einen der beiden Graphen G_0 oder G_1 (beispielsweise indem er den Index $i \in \{0,1\}$ zufällig auswählt), auf den er dann eine ebenfalls zufällig gewählte Permutation ψ anwendet.

  Bert erzeugt also einen zu den beiden Ausgangsgraphen isomorphen Graphen $H = \psi(G_i)$, welchen er anschließend an Vera sendet.[9]

---

[6]Vgl. Lang, Graphisomorphismus, 2010, S. 1
[7]Vgl. Beutelspacher u.a., Verfahren der Kryptographie, 2010, S. 47
[8]Vgl. o. V., Zero Knowledge, 2010, S. 3
[9]Vgl. Beutelspacher u.a., Verfahren der Kryptographie, 2010, S. 47

- Im nächsten Schritt darf sich Vera etwas wünschen: Sie wünscht sich von Bert entweder den Isomorphismus zwischen dem neuen Graphen H und G_0 oder aber den Isomorphismus zwischen H und G_1; sie formuliert dabei ihren Wunsch in Form des entsprechenden Indexes $j \in \{0, 1\}$.[9]

- Da Bert Vera nichts ausschlagen kann, erfüllt er ihr diesen Wunsch:

  - Falls Vera denselben Ausgangsgraphen gewählt hat, auf welchen Bert zuvor zurückgegriffen hatte, um H zu erzeugen (also $i = j$), schickt er ihr den verwendeten Isomorphismus ψ.[10]

  - Falls sich Vera den Isomorphismus zwischen H und G_0 wünscht ($j = 0$), Bert aber G_1 zur Erzeugung von H verwendet hat ($i = 1$), so sendet er ihr $\psi \circ \pi$, also die Verknüpfung $\psi(\pi(u))$ der beiden Permutationen.[10]

  - Falls Vera hingegen den Isomorphismus zwischen H und G_1 wählt ($j = 1$), Bert allerdings G_0 zur Erzeugung von H verwendet hat ($i = 0$), so schickt er ihr $\psi \circ \pi^{-1}$, also die Verknüpfung $\psi(\pi^{-1}(u))$.[10]

- Im letzten Schritt überprüft Vera schließlich, ob der von Bert gesendete Isomorphismus ihrem geäußerten Wunsch entspricht, indem sie jenen auf G_j anwendet und kontrolliert, ob der Graph H daraus resultiert.[10]

Ähnlich unserem anfänglichen Beispiel mit der magischen Tür, werden die obigen Schritte solange wiederholt, bis die Verifiziererin Vera davon überzeugt ist, dass der Beweiser Bert den geheimen Schlüssel π kennt.[9]

---

[10]Vgl. o. V., Zero Knowledge, 2010, S. 3

4.4 Gültigkeit des Beweises

Auch bei diesem Beispiel gilt es, die Gültigkeit des Zero-Knowledge-Beweises anhand unserer Kriterien nachzuweisen:

Der Beweis der Graphenisomorphie ist **vollständig**, da Bert die beiden Permutationen π und ψ selbst gewählt hat, sie also kennt, und somit Veras Wunsch in jedem Fall erfüllen kann.[11]

Das Kriterium der **Zuverlässigkeit** ist ebenfalls erfüllt, zumal es dem gemeinen Betrüger Gunter in keinem Fall gelingt, Vera zu überzeugen: Gunter, der den geheimen Schlüssel π nicht kennt, kann nämlich in jeder denkbaren Situation nur jeweils einen - und zwar den ersten ($i = j$) - von Veras möglichen Wünschen erfüllen. Bei den anderen Wünschen ist, wie wir wissen, die Kenntnis der Permutation π, welche Gunter ja nicht hat, nötig. Da diese für Gunter glückliche Situation nur in der Hälfte aller Fälle vorkommt, beträgt die Betrugswahrscheinlichkeit für eine einzige Durchführung dieses Beweises $\frac{1}{2}$ - für n Durchführungen $(\frac{1}{2})^n$. Dieser Zusammenhang, dass jene Wahrscheinlichkeit durch Wiederholungen des Beweises minimiert werden kann, ist uns ja bereits im Beispiel mit der magischen Tür begegnet.[11]

Zum Nachweis der **Zero-Knowledge-Eigenschaft** müssen wir zeigen, dass der außenstehende Simon mit Veras Hilfe den Beweis aus ihrer Sicht simulieren kann: Hierbei verfährt Simon zunächst genau wie Bert - er entscheidet sich also für einen der beiden Ausgangsgraphen (indem er $i \in \{0,1\}$ zufällig wählt) und produziert mithilfe einer Permutation ψ einen zu diesem Graphen G_i isomorphen Graphen H, den er an Vera sendet. Diese entscheidet nun, ob sie den Isomorphismus zwischen H und G_0 oder den zwischen H und G_1 sehen will. In der Hälfte aller Fälle haben Simon und Vera denselben Ausgangsgraphen gewählt, wobei ψ den gewünschte Isomorpismus darstellt. Da Simon diesen ja zuvor selbst gewählt hat, kann er Veras Wunsch erfüllen und ihn ihr schicken. Die andere Hälfte der Fälle entspricht genau jenen schlechten Szenen, die anschließend wieder gelöscht werden. Wenn die beiden genügend gute Szene drehen, können sie also eine Simulation des Zero-Knowledge-Protokolls erstellen, welche vom Original nicht zu unterscheiden ist.[11]

---

[11]Vgl. Beutelspacher u.a., Verfahren der Kryptographie, 2010, S. 48

Kapitel 5

Schlussbetrachtung

Am Ende dieser Arbeit möchte ich noch ein paar persönliche Dinge anmerken: Als ich zum ersten Mal von Zero-Knowledge-Beweisen las (auch ich wurde in diesen Bereich der Kryptologie am Beispiel der magischen Tür eingeführt), weckten jene auf der Stelle mein Interesse und ließen es bis zum heutigen Tage nicht mehr los. Ich war von Anfang an fasziniert von ihrem hohen Anspruch („null Wissen" zu übermitteln), ihrem hohen Maß an Außerordentlichkeit und den damit verbundenen vielfältigen Möglichkeiten, die sie bieten, sowie der großen Kreativität, welche zur Entwicklung solcher Beweissysteme zweifellos erforderlich ist. Es ist daher, denke ich, keineswegs erstaunlich, dass sich Zero-Knowledge-Beweise in hervorragender Weise für die Anwendung in Authentifizierungsprozessen eignen.

Abschließend möchte ich mich herzlich für das aufgebrachte Durchhaltevermögen und die Ausdauer, bis zum Ende nicht der Müdigkeit oder Langeweile nachgegeben zu haben, bedanken. Ich hoffe aufrichtig, es hat sich gelohnt und es konnte zumindest ein kleiner Einblick in die überaus spannende Welt der Zero-Knowledge-Beweise gewonnen werden.

Literaturverzeichnis

[1] Arnold, Michael [Zero-Knowledge-Verfahren, 2005]: Zero-Knowledge-Verfahren, in: http://theorie.informatik.uni-ulm.de/Lehre/SS5/krypto-seminar/zero-knowledge.pdf (Stand 09.07.2005, Abrufdatum 23.10.2010)

[2] Beutelspacher, Albrecht [Kryptologie, 2009]: Kryptologie: Eine Einführung in die Wissenschaft vom Verschlüsseln, Verbergen und Verheimlichen, 9., aktualisierte Auflage, Wiesbaden: Vieweg + Teubner, 2009

[3] Beutelspacher, Albrecht / Schwenk, Jörg / Wolfenstetter, Klaus-Dieter [Verfahren der Kryptographie, 2010]: Moderne Verfahren der Kryptographie: Von RSA zu Zero-Knowledge, 7., überarbeitete Auflage, Wiesbaden: Vieweg + Teubner, 2010

[4] Lang, Hans Werner [Graphisomorphismus, 2010]: Graphisomorphismus, in: http://www.inf.fh-flensburg.de/lang/krypto/grund/graphiso.htm (Stand 09.06.2010, Abrufdatum 02.11.2010)

[5] Nitzsche, Manfred [Graphen für Einsteiger, 2009]: Graphen für Einsteiger: Rund um das Haus vom Nikolaus, 3. Auflage, Wiesbaden: Vieweg + Teubner, 2009

[6] o. V. [Zero Knowledge, 2010]: Zero Knowledge, in: http://de.wikipedia.org/wiki/Zero_Knowledge (Stand 17.10.2010, Abrufdatum 23.10.2010)